AF562865

AUX ÉLECTEURS DE FRANCE

LE

VOTE DU 8 MAI

PAR

LE VICOMTE DE LA GUÉRONNIÈRE

SÉNATEUR

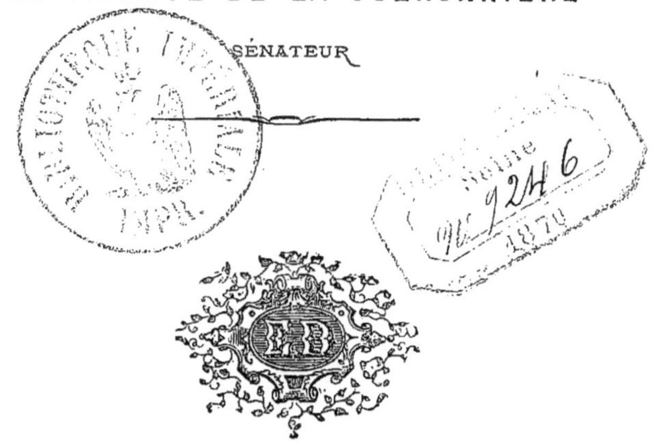

PARIS

E. DENTU, LIBRAIRE ÉDITEUR

PALAIS-ROYAL, 17 ET 19, GALERIE D'ORLÉANS.

1870

AUX ÉLECTEURS DE FRANCE

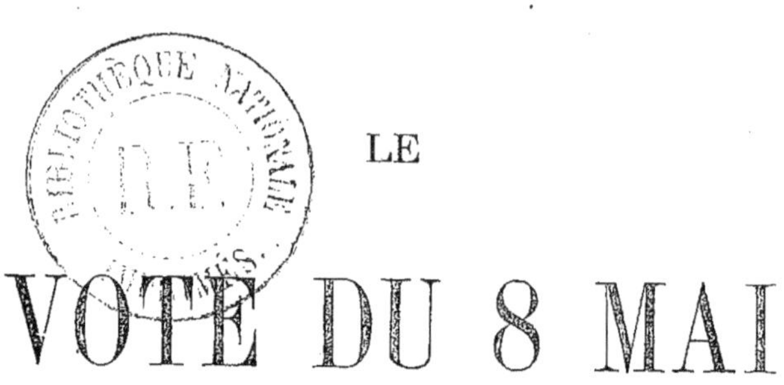

LE VOTE DU 8 MAI

Il se fait un effort considérable pour opposer l'un à l'autre la liberté et le plébiscite, c'est-à-dire le gouvernement parlementaire qui a été jusqu'ici la plus haute expression de la liberté, et la démocratie dont le droit supérieur est appelé à se constituer et à s'exercer par l'acte direct du Plébiscite.

Ayant soutenu cette doctrine à la tribune du Sénat, j'ai le devoir de la maintenir contre ses contradicteurs. Les circonstances au milieu desquelles ces graves questions se posent leur donnent d'ailleurs un intérêt qui domine de bien haut la controverse. Il ne s'agit point ici d'une thèse d'ordre constitutionnel, mais d'un grand fait qui engage la responsabilité et l'avenir du pays tout entier, et dont l'autorité morale doit être aussi incontestable que sa force légale.

Est-il vrai que la Constitution de 1870 ne soit qu'une forme rajeunie du pouvoir personnel?

Est-il vrai que le Plébiscite altère et détruise les bases essentielles du régime représentatif?

Est-il vrai que l'appel au peuple ne soit qu'un instrument de dictature?

Si tout cela était vrai, ce n'est pas notre clairvoyance seule qui serait en défaut, c'est l'honneur politique du parti conservateur et libéral qui serait atteint; car il aurait provoqué et accepté, avec un aveuglement sans excuse, des réformes sans valeur et sans sincérité. Il couvrirait aujourd'hui de sa haute et légitime influence, un mensonge de liberté, une fiction de gouvernement représentatif, et, après avoir été la dupe d'une illusion, il deviendrait le complice d'une fraude.

Je ne repousse pas seulement avec indignation de telles conséquences : je m'engage à démontrer qu'elles sont sans fondement et sans vérité.

II

Avant tout il faut se demander quel est le vrai sens de la nouvelle Constitution soumise au vote du peuple le 8 mai prochain. Est-ce une Constitution libérale? Donne-t-elle au pays la plénitude du gouvernement parlementaire? Est-elle la réalisation complète des vœux et des programmes qui, depuis dix ans, ont caractérisé le mouvement libéral en France?

Pour répondre avec une entière bonne foi à ces questions, il suffit d'examiner la Constitution en elle-même et de vérifier les mécanismes qu'elle organise, en l'isolant pour un instant du Plébiscite, dont elle renferme le principe et qu'elle met en mouvement pour sa propre ratification.

En effet, supposons un instant que les articles 13 et 44 relatifs à l'appel au peuple n'existent pas: Que reste-t-il?

Il reste une œuvre absolument conforme à ce que les doctrinaires les plus autorisés de l'Ecole parlementaire ont revendiqué, c'est-à-dire une loi constitutionnelle dans laquelle se retrouve cette pondération des pouvoirs qui est le grand problème des gouvernements modernes.

La Constitution de 1852 y avait échappé en réservant à la Couronne l'initiative, la responsabilité, l'autorité, la direction. Elle avait relégué le pouvoir électif dans une sphère inférieure et subordonnée. Entre une Chambre enfermée dans le vote des lois et du budget par ministère et la Couronne, elle avait placé le Conseil d'État pour les isoler l'un de l'autre, et, sous prétexte de prévenir le choc, elle avait supprimé la lutte et créé l'inertie. Il en résultait que toute la vie sociale et politique se portait à la tête, et que les grandes forces que les gouvernements libres ont pour but de vivifier manquaient d'énergie et de ressort.

La Constitution de 1870 redresse ce mécanisme, ou, pour mieux dire, elle le transforme. Voyons si ces transformations répondent aux doctrines qui, pendant vingt ans, ont opposé le régime parlementaire à l'Empire autoritaire.

Quelles sont ces doctrines? Quelles sont les institutions qu'elles comportent? Que veulent les hommes qui les ont toujours soutenues?

Ils veulent que la Couronne soit placée dans une sphère élevée, d'où elle domine les luttes d'opinion, les compétitions de pouvoir, où son prestige ne puisse pas être atteint par des responsabilités secondaires, de telle sorte que le jeu des partis s'exerce au-dessous d'elle sans la compromettre, sans l'engager, en laissant au pays et aux Chambres toute leur liberté, et en lui réservant ce rôle d'observation vigilante et, en certains cas, d'arbitrage supérieur qui lui conserve son autorité sans jamais abaisser sa prérogative.

Ils veulent des ministres responsables, qui soient tout à la fois une sauvegarde de respect pour la couronne et une garantie des droits du pays.

Ils veulent ensuite, en face de la Couronne et du pouvoir exécutif ainsi organisé, placer la volonté et l'action du pays constituées par une délégation directe dans une Chambre élective, éclairées et garanties par les délibérations de deux Assemblées.

N'est-ce pas là ce que réalise la Constitution de 1870?

Est-ce que l'Empereur n'est pas couvert désormais par la responsabilité des ministres pour tous les actes de la politique quotidienne? Est-ce qu'il ne soumet pas lui-même toutes les résolutions de la Couronne aux délibérations du Cabinet qu'il préside ?

Est-ce que la responsabilité ministérielle ne va pas être aussi complète et aussi large que possible ? Est-ce qu'elle ne sera pas désormais un des éléments du contrat qui intervient entre le peuple et la dynastie ?

Est-ce que dans la Constitution de 1870 le pouvoir électif ne reprend pas tout l'ascendant qu'il avait perdu ? Est-ce qu'il n'a pas l'initiative sans entrave, l'amendement sans contrôle, l'interpellation sans limite ?

Est-ce qu'il ne vote pas les dépenses par chapitre ?

Est-ce qu'il ne pénètre pas ainsi dans tous les détails de l'administration ? Est-ce qu'il ne crée pas, par ses impulsions, la politique intérieure et extérieure ? Est-ce que ce n'est pas lui qui impose les ministres, qui les soutient, qui les juge, qui les renverse ? Est-ce que la volonté nationale qu'il représente ne remonte pas ainsi, degré par degré, jusqu'au sommet de l'État ?

Est-ce que le Sénat n'est pas, dans la doctrine parlementaire incontestée, le complément de cette organisation politique? Est-ce que, s'il est nommé par la Couronne, il ne trouve pas dans son inamovibilité la garantie de son indépendance? Est-ce qu'il ne donne pas au pays cette sécurité indispensable contre les entraînements et les mobilités du pouvoir électif?

Quant à l'influence qu'il peut exercer, il nous sera permis mieux qu'à personne de dire qu'il est nécessaire qu'elle se produise dans des conditions plus efficaces. On a beaucoup discuté sur l'origine du Sénat. Telle qu'elle est réglée aujourd'hui, et sans entrer à cet égard dans des controverses sans objet, elle comporte des choix non pas plus équitables, mais plus politiques. Il faut désormais que partout où il y a une réelle notoriété, un grand talent, un glorieux service, le Sénat les recueille en dehors des conditions d'âge et des titres officiels. Un Sénat ainsi composé, où toutes les opinions constitutionnelles seraient représentées, aurait assurément le rôle que les théoriciens de l'École parlementaire lui assignent et que la Constitution actuelle lui réserve.

Ainsi, la Couronne, non pas abaissée, mais replacée dans les conditions naturelles de sa prérogative; des ministres l'entourant, la conseillant, lui faisant un rempart de respect; un pouvoir législatif divisé en deux Chambres, l'une représentant le mouvement, l'impulsion; l'autre, la modération, l'expérience, exerçant ensemble tous les droits d'initiative, de contrôle et de discussion, voilà, en deux mots, la Constitution de 1870. Ajoutez-y une presse libre, échappant de plus en plus aux juridictions répressives pour retomber sous la compétence de l'opinion; le droit de réunion que la Charte de 1830 ne reconnaissait pas, que la République de 1848 elle-même a répudié comme un péril après en être sortie comme un accident; enfin, toutes ces libertés auxiliaires du Parlement qui le mettent en contact incessant avec l'esprit public.

Quand on pénètre ainsi dans l'organisation de la Constitution nouvelle, quand on y retrouve tous les rouages si ingénieusement conçus par la science politique moderne, à tel point qu'en nous arrêtant là, nous y reconnaissons la reproduction exacte du plan de la Charte de 1830, agrandie et perfectionnée, comment s'étonner qu'elle ait conquis l'adhésion unanime du parti libéral? Il faudrait que le parti libéral se reniât lui-même pour désavouer une œuvre qui est faite à l'image de ses principes, de ses aspirations et de toutes les garanties qu'il a toujours revendiquées comme des libertés nécessaires.

Un homme d'État, M. Guizot, dont la conduite politique a été diversement appréciée, mais dont les jugements s'inspirent d'une conscience inaltérable et d'une lumineuse expérience, nous apporte sur ce point un témoignage imposant. « Nous faisons par là, dit-il, un grand pas dans « les voies du gouvernement libre, du gouver- « nement du pays par lui-même... Je suis donc « convaincu que nous devons voter avec recon- « naissance et espérance le Plébiscite qui contient « les réformes. »

En résumé, il est permis de dire que la Constitution de 1870, dont nous venons de découvrir tous les ressorts, donne à l'esprit parlementaire la satisfaction la plus complète. C'est là un point qu'il importait avant tout de dégager. Aucune équivoque ne saurait subsister à cet égard. Le résultat est acquis. L'œuvre qui a été préparée par la Chambre, consentie par la Couronne, proposée par le Ministère, délibérée par le Sénat, et qui est présentée aujourd'hui à la ratification du peuple, ne peut pas être dénaturée; son caractère est inaltérable; sa signification est absolue comme les principes mêmes qu'elle consacre.

III

Pourquoi donc les dissidents du parti libéral qui, dans la Chambre et dans la presse, se sont unis à nous, libéraux dynastiques, pour demander cette Constitution, pourquoi, lorsqu'ils en acceptent incontestablement le bienfait, refusent-ils d'en voter le texte? Pourquoi, dans leurs comités ou dans leurs programmes, conseillent-ils l'abstention ou le vote négatif?

C'est ici que reviennent les articles 13 et 44 de la Constitution. C'est là le point de dissidence que nous accusions au commencement de cet écrit. C'est là le motif de cette tentative aussi étrange qu'inopportune, et qui a pour but de faire échec au Plébiscite au nom de la liberté.

Les libéraux dissidents prétendent que le Plébiscite, c'est-à-dire le jugement direct du pays sur les conditions fondamentales de son existence politique, est la négation du régime représentatif.

Eh bien, nous, nous soutenons que cet appel au peuple est désormais le complément de la liberté et le signe distinctif de son alliance avec la démocratie. Nous soutenons que si la loi constitutionnelle se bornait aux traits que nous venons de reproduire, elle serait éphémère et fragile. Nous soutenons que, dans son mécanisme elle n'aurait pas tenu compte d'une force nouvelle, désormais inhérente à notre état social et à laquelle il est indispensable, aujourd'hui, d'ouvrir une issue, si l'on ne veut rester exposé à ce qu'elle brise des ressorts trop faibles pour la contenir.

Cette force nouvelle, c'est le suffrage universel.

L'action du suffrage universel dans l'ordre constitutionnel impose le Plébiscite. La Constitution de 1870, c'est la Charte de 1830 avec le Plébiscite, comme la liberté moderne est la liberté parlementaire avec la démocratie. Donc, ceux qui veulent effacer le Plébiscite dans les institutions modernes sont ceux qui rêvent de supprimer la démocratie dans notre état social.

IV

Qu'est-ce que le Plébiscite ? Ce n'est pas, comme l'a dit un jeune et puissant orateur, qui a conquis en un seul jour la renommée de la tribune, ce n'est pas la science du peuple; c'est l'acte du peuple, sa volonté exprimée sans délégation, sa souveraineté manifestée sans intermédiaire.

Entrevue par les hommes de la grande époque révolutionnaire, exagérée par eux dans la Constitution de 1793, revendiquée par le premier Empire comme par le second, cette forme nouvelle du pouvoir constituant est encore très-imparfaite. Mais dans les conditions incomplètes où elle s'exerce, nous n'hésitons pas à dire qu'elle est supérieure à toutes les autres. Elle puise dans le principe dont elle émane un élément d'autorité que ne sauraient présenter au même degré les délégations les plus éclairées. Il y a à cela une raison : c'est que la souveraineté est, de sa nature, absolue; elle peut se communiquer sans doute, et elle anime les agents qu'elle institue, mais elle diminue sa force en se transmettant. Qu'est-ce qui crée le droit monarchique? C'est l'hérédité. Qu'est-ce qui crée le droit populaire? C'est le peuple.

Et cela est si vrai, que lorsque des Assemblées se substituant au peuple ont voulu fonder des gouvernements, elles ont échoué. Quand elles agissaient sans mandat, elles usurpaient, comme la Chambre de 1830. Quand elles avaient un mandat, comme l'Assemblée de 1848, elles ne créaient que des œuvres d'un jour.

Donc, en dehors de l'hérédité monarchique, il n'y a que la souveraineté constituante du peuple. Quand il la délègue, il en modifie l'essence, il en affaiblit le résultat. C'est le droit qui disparaît dans le mandat.

D'où il suit que dans un état démocratique, le Plébiscite est la forme la plus complète, la plus efficace, la plus vivante, dans laquelle la souveraineté puisse se constituer, s'organiser, se régler, se modérer. Par ce caractère exceptionnel d'autorité, il s'impose non-seulement comme un droit, mais aussi comme la plus haute garantie de la stabilité d'un peuple libre.

V

Le Plébiscite étant l'acte décisif de la souveraineté, quel sera son rôle dans le fonctionnement régulier du gouvernement parlementaire

Est-ce que par hasard nous allons retomber dans les excès de système qui avaient été si violemment introduits dans la Constitution de 1793? Est-ce que le peuple va devenir un pouvoir législatif direct?

Loin de nous de pareilles utopies indignes d'une nation civilisée, et qui substitueraient la confusion turbulente et stérile au mouvement régulier de la délibération! Le peuple n'est pas pouvoir législatif, il est pouvoir constituant. Il est dans certains cas pouvoir suprême, s'élevant au-dessus des conflits qui peuvent diviser les représentants de la puissance publique et les ramenant par l'autorité de son droit au respect de sa volonté.

Pouvoir constituant, il reprend aujourd'hui le mandat dont le Sénat était investi, et il fait rentrer dans sa souveraineté la loi fondamentale du pays réduite à quelques dispositions essentielles qui ne peuvent être changées qu'avec son assentiment.

Pouvoir politique d'ordre supérieur, il intervient dans les cas extrêmes, lorsque les conflits entre la Couronne et les Chambres arrivent à leur dernier terme. Alors il est l'*ultima ratio*; mais ce n'est pas la force qui prononce, c'est le droit qui s'impose.

Notre histoire contemporaine est remplie de ces

conflits et presque toujours ils ont été la source de révolutions sanglantes. Qu'est-ce qui les amène? C'est le pouvoir qui s'exagère. Tantôt c'est la Couronne qui empiète; tantôt c'est le pouvoir électif qui usurpe. Dictature royale ou tyrannie parlementaire, qu'importe! C'est toujours l'équilibre de l'organisation publique qui est rompu, et de quelque côté que vienne l'oppression, le droit en reçoit la même atteinte et la société en subit le même dommage.

Le Plébiscite est une forme d'action ayant pour but de prévenir ces luttes par un acte légal de souveraineté au lieu de les laisser se dénouer par la violence. C'est la souveraineté elle-même qu'il met en mouvement pour rétablir l'harmonie des pouvoirs et l'autorité du droit.

On conçoit ainsi qu'à de certains moments le Plébiscite puisse être la ressource exceptionnelle et salutaire des situations qui nous jettent en dehors de prévisions de l'ordre établi. On conçoit surtout qu'il s'adapte à un état politique où le Souverain n'étant plus élu lui-même, le prestige de la couronne peut perdre en force active ce qu'il gagne dans le respect universel par la consécration du temps. Il est permis d'entrevoir, dans des conditions d'ailleurs absolument nouvelles, des difficultés plus graves que celles qu'a amenées jusqu'à présent la pratique du régime parlementaire, lorsque le Souverain, s'éloignant ainsi chaque jour de son origine, se trouvera en présence d'une Chambre élective sans cesse renouvelée et puisant dans le suffrage universel une force presque irrésistible d'impulsion. Alors, dans ces hypothèses, où serait le salut ? Serait-il dans ce rigorisme constitutionnel, dans ces formes réglementaires et absolues qui conviennent à l'entente des pouvoirs, mais qui aggravent les conflits par le frottement qui les irrite ? Et ce péril, dont l'histoire nous a déjà avertis si souvent, devient immense quand à la fiction du Pays légal on substitue la puissance formidable du suffrage universel.

Dans ce cas, la prévoyance politique ordonne de se placer au-dessus de toutes ces rivalités si savamment combinées ; et sans humilier personne, en laissant à la Couronne sa dignité, au pouvoir électif son droit, le Plébiscite les fait s'incliner l'un et l'autre devant la souveraineté nationale. Là où le passé nous montre la Révolution qui intervient pour briser les forces qu'elle ne sait pas concilier, le plébiscite ne les fait abdiquer un moment devant l'opinion que pour les conserver et les replacer dans leur ordre naturel.

Mais ce n'est pas seulement pour dominer

ces périls ou pour les prévenir que le Plébiscite est institué. On peut supposer que sur une très-grande question d'organisation intérieure ou d'honneur national, la Couronne et les Chambres, même après leur accord, veuillent associer à leur responsabilité l'expression directe de la volonté du pays. Quelle autorité ne sortirait-il pas de cette solennelle ratification! Quel élan ne donnerait-elle pas surtout s'il s'agissait d'un de ces intérêts suprêmes qui demandent l'effort de la patrie! A plus forte raison cette intervention serait-elle nécessaire si les Chambres et la Couronne avaient des vues divergentes. Pour cette dernière hypothèse les anciennes Chartes avaient créé le droit de dissolution comme la ressource du Pouvoir royal. Mais l'expérience prouve que la dissolution, en mettant en présence des personnes plutôt que des principes, avait presque toujours surexcité les passions et précipité les événements vers les solutions violentes.

Le Plébiscite est un mode de dissolution perfectionné, car il pose la question sur un terrain dégagé des compétitions personnelles, et devant cette grande unité du peuple, les partis s'effacent pour ne laisser debout qu'une puissance, celle de la nation qui manifeste sa volonté, et du pouvoir qui l'exécute.

VI

Voilà la doctrine du Plébiscite ; voilà les éventualités qu'elle fait entrevoir. Sans doute elle imprime au droit public dans les sociétés modernes un caractère nouveau et redoutable. Nous comprenons le trouble qu'elle peut faire naître dans les esprits attachés aux théories de l'ancienne école parlementaire. Nous sentons nous-mêmes tout ce qu'il y a d'imposant et de mystérieux dans ce droit illimité, indéfini, qui sort des profondeurs mêmes de la souveraineté pour se répandre partout, pour dominer la Couronne et les Chambres et pour subordonner toutes les forces légales.

Mais pour conjurer ces périls, savez-vous ce qu'il faut ? Il faut deux choses : un pays éclairé et libre, une dynastie nationale.

Un pays libre et éclairé, c'est-à-dire un peuple où chacun ait l'intelligence de l'intérêt public, le sentiment du devoir social, une nation qui ne soit ni abaissée par l'ignorance, ni dégradée par la misère, ni avilie par la corruption, qui soit ennoblie par la liberté, par l'instruction, affermie par le bien-être, où la famille, le travail, la propriété élèvent sans cesse le niveau moral des masses, et qui place au-dessus de tous les appétits matériels la probité et l'honneur.

Une dynastie nationale, c'est-à-dire une race princière dans laquelle le principe de l'hérédité, se combinant avec le droit populaire, substitue à cette adhésion tacite qui, même dans les monarchies de droit divin, rattache le souverain au peuple, cette adhésion réelle sans laquelle le trône ne peut être ni respecté ni protégé. La popularité des dynasties, en effet, ce n'est pas cette faveur capricieuse qui éclate dans les applaudissements de la foule et qui s'évanouit dans ses explosions; c'est le souvenir de leur gloire, c'est le contre-coup dans l'opinion de ce qu'elles ont fait de grand; c'est le capital accumulé de ce qu'elles ont laissé de confiance et de reconnaissance dans leur génie et par leur dévouement. Aujourd'hui même ne voyons-nous pas le témoignage vivant de cette juste et loyale persistance de la popularité dans le Prince que la France a élu déjà trois fois et qu'elle élirait encore? C'est qu'en effet, dans la filiation de l'hérédité, lorsque l'Empereur ne sera plus élu, il devra toujours être digne de l'être; il faut désormais que cette grande épreuve n'apparaisse plus aux princes comme une menace contre eux, et que s'ils ne l'ont pas subie, ils puissent toujours l'affronter.

Avec un pays sans lumières, avec une dynastie sans crédit, le Plébiscite ne serait, en effet, qu'un acte césarien. Dans l'initiative qui le propose, dans le vote qui l'accepte, c'est la raison publique qui doit agir. C'est ce qui répond aux inquiétudes des esprits libéraux.

Que le Plébiscite soit proposé par l'Empereur seul ou par l'Empereur après délibération des Chambres, il y a un autre accord plus décisif qu'il faut supposer. C'est celui avec l'opinion. Tout appel au peuple assez mal inspiré pour ne pas tenir compte de la nécessité de cet accord préalable serait une folie. Il ne pourrait aboutir qu'à la condamnation de celui qui l'aurait proposé.

VII

Nous n'avons rien diminué de ce qui peut préoccuper les esprits libéraux en face de ce levier d'une si nouvelle et si puissante énergie ; nous avons présenté la doctrine avec toutes ses conséquences. Mais, cependant, il y a une vérification à faire, en empruntant à l'histoire ses témoignages les plus incontestés.

Ouvrons un compte au Plébiscite. Introduisons-le dans notre passé si troublé par tant de secousses. Il n'y apparaît en réalité qu'à de rares intervalles; mêlons-le à tous les événements contemporains. Rendons-nous compte de l'action qu'il a exercée et de celle qu'il aurait pu produire au milieu de ces incertitudes, de ces catastrophes et de ces perturbations. C'est son bilan que nous voulons établir, pour l'opposer à ceux qui l'accusent. Relevant dans nos annales leurs dates glorieuses ou néfastes et nous inspirant de l'esprit du temps, nous allons poser les questions comme elles l'auraient été et les résoudre comme la France l'aurait fait elle-même.

En 1789, la société se renouvelle; tout ce que l'esprit humain avait accumulé de vérités sociales éclate et fait surgir une France régénérée en projetant sur l'Europe entière le reflet de sa grandeur morale. A ce moment, qu'aurait répondu la France si on lui avait demandé :

« La France approuve-t-elle les principes de 1789 et ratifie-t-elle le code de la liberté moderne qui proclame les droits de l'homme et du citoyen? »

La France aurait répondu OUI.

Et quelle autorité aurait eue cette réponse pour garantir les nouvelles réformes des excès qui les ont compromises, pour apaiser les haines qui les ont ensanglantées et pour réconcilier les classes dont la division a été le déchirement de la patrie !

Quatre années s'écoulent; la Révolution a perdu ses traces lumineuses; elle se sature de sacrifices et de vengeances; elle ne renverse pas seulement la royauté, elle va consommer sa rupture avec toutes les traditions nationales par l'immolation d'un roi. A cette heure douloureuse, la Convention écoute le dernier vœu du défenseur de Louis XVI, elle pose à la France cette question :

« Le peuple sanctionne-t-il la condamnation de Louis XVI? »

Par toutes les voix de la justice et de la pitié, le peuple aurait répondu NON.

En 1799, le Directoire tombe sous le mépris

public; la France est appelée à consacrer par un premier vote sa reconstitution sociale qui sort des ruines, et la légende napoléonienne qui commence.

Trois millions de suffrages répondent : OUI.

Plus tard, ce régime nouveau se transforme et se complète. Le Concordat est signé. Ce n'est plus la France troublée de la Révolution qui se dégage; c'est la France glorieuse de l'Empire qui s'affirme.

En 1804, la France répond OUI.

L'Empire a épuisé toutes les gloires. Il a vaincu les coalitions et étonné l'Europe. Supposons qu'à cette heure l'Empereur, parvenu à ce sommet et dominant les ivresses de sa toute-puissance, eût consulté la France avant de s'engager dans les luttes extrêmes qui devaient en être l'écueil.

La France, fatiguée, sentant déjà le poids du pouvoir absolu et ramenée par ses aspirations vers des institutions plus libérales, la France aurait répondu NON.

Est-ce que cette même sagacité ne se serait pas retrouvée en 1814, lorsque le pays recevait la liberté comme une compensation de ses désastres ?

Est-ce qu'elle n'aurait pas encouragé la Restauration dans cette phase si politique où de grands esprits cherchaient la réconciliation de la tradition monarchique et du progrès libéral ?

Est-ce qu'elle n'aurait pas retenu le roi Charles X au moment où il allait signer les Ordonnances ?

Est-ce qu'elle n'aurait pas stimulé la Monarchie de Louis-Philippe à la veille d'une catastrophe que des concessions pouvaient prévenir et que la résistance a précipitée ?

Est-ce qu'enfin ce n'est point l'appel au peuple qui, le 10 décembre 1848, a répudié la République et rallié le Pays autour d'un nom dont l'avenir devait bientôt révéler toute la signification ?

Et si l'Empire a déjà vingt années d'existence, est-ce qu'il ne doit pas aux Plébiscites qui l'ont fondé une stabilité que le temps et les inévitables mécomptes de la politique n'ont pu ébranler ?

VIII

Revenant au point de départ de cet écrit et résumant son esprit et son but, nous dirons : La Constitution de 1870, en associant le principe du Plébiscite à la liberté, ne l'a pas altérée, mais complétée. En introduisant l'appel au Peuple dans le régime parlementaire, elle a réalisé sans doute une innovation; mais au lieu d'en fausser le mécanisme, elle l'a élargie et fortifiée. Elle lui a donné des proportions dignes des intérêts nouveaux qu'il fallait satisfaire. En élevant le droit du Peuple au-dessus de celui de ses délégués, en constituant sa juridiction pour les circonstances exceptionnelles, comme un arbitrage suprême entre la Couronne et les Chambres, elle a condamné toutes les dictatures. Elle a rendu toute usurpation odieuse, toute révolution superflue. C'est le droit dans son principe le plus absolu qui, à certains moments, se dégage des formes dans lesquelles il est enfermé pour reprendre son empire sur toute l'organisation publique.

Voilà le Plébiscite. Maintenant sortons des théories, écartons les hypothèses, laissons à la philosophie politique ses principes, à l'histoire ses enseignements, interrogeons-nous nous-mêmes, descendons dans la conscience du pays et demandons-nous ce que l'heure présente conseille à tous les bons citoyens.

Electeurs de France, c'est à votre raison, à votre bon sens, à votre patriotisme que nous faisons appel. Jamais votre mission ne fut plus haute. Jamais votre vote ne fut plus libre. Aucune pression ne s'exerce sur vous, et c'est la liberté elle-même qui préside à l'œuvre de sa fondation. A vous donc de prononcer.

Si vous ne voulez pas d'une Constitution libérale parce qu'elle a été appropriée à notre temps et qu'elle a fait une part nécessaire à la Démocratie dont elle règle l'essor ; si vous voulez revenir à des institutions étroites que vous avez brisées et à des expériences qui ont succombé; ou bien si, vous abandonnant au courant révolutionnaire, vous repoussez les garanties de l'ordre en répudiant les conditions nouvelles de la liberté; alors votez contre le Plébiscite. Dites NON.

Mais si, au contraire, instruits par les événements, inspirés par un sentiment supérieur aux intérêts de partis, oubliant vos divisions, vous croyez qu'il y a de grands périls à éviter, une œuvre indispensable à fonder, si vous êtes résolus à chercher l'alliance de la liberté et de la Démocratie et à réaliser dans un Gouvernement stable les combinaisons nécessaires à leur entente ; si vous pensez que votre droit est pour la société et pour vous-mêmes une garantie au lieu d'être une menace, si vous préférez la certitude à l'indécision, un ordre normal et réglé à la confusion et à l'imprévu; si, en un mot, vous voulez donner devant l'Europe à votre pays, par ses institutions, le prestige de son rang et l'autorité de sa grandeur; alors, votez le Plébiscite. Dites OUI.

Ce n'est pas le Plébiscite d'un parti; ce n'est pas à une fraction du pays qu'il s'adresse ; ce n'est pas au nom d'un groupe parlementaire qu'il vous est proposé; il est sorti de vous-mêmes, de vos vœux, de vos aspirations; il résume tout le mouvement libéral depuis dix ans. Sa pensée est remontée du Peuple à la Couronne, et c'est l'Empereur qui vous le présente aujourd'hui, comme votre mandataire et au nom des droits qu'il tient de vous.

Reprenez donc, pour la compléter, votre œuvre d'il y a vingt ans. Ce qui dominait alors, c'était la nécessité du salut social. Vous l'avez assuré en l'abritant sous un nom populaire. Aujourd'hui, l'intérêt essentiel, ce n'est plus de vaincre la Révolution, c'est d'en prévenir le retour. On la domine par la force ; on la prévient par la liberté. Que le Plébiscite soit le contrat national des institutions libérales; qu'il se venge ainsi de ceux qui, par défiance de son principe, refusent de voter la nouvelle Constitution, et qu'il prouve qu'un peuple qui a la conscience de son devoir ne peut jamais abuser de ses droits !

Paris, impr. Paul Dupont, rue Jean-Jacques-Rousseau, 41. (1820.4.70).

www.ingramcontent.com/pod-product-compliance
Lightning Source LLC
LaVergne TN
LVHW020312230826
846091LV00006B/2646
* 9 7 8 2 0 1 1 7 8 7 1 2 5 *